비가 오면 나를 씻는다

비가 오면 나를 씻는다

유영숙 시집

시와산문사

시인의 말

부끄러운 설렘이 양 볼을 데우고
뜨거운 걱정이 심장에 가속도를 올린다.

2010년 가을 무렵,
시를 쓰는 분들과 첫 만남 이후
문장을 만들고 지우고 버리고 가두어
숟가락 가득 퍼 올려 삼켰다.
제일 이쁜 별 하나를 땄다.
아직 여물지 않은 별 속의 씨앗들
밖으로 꺼내놓고 보니 부끄럽다.

별의 날카로운 꼭짓점에 찔린 손끝
핏빛으로 물들어도 나는 행복하다.

2024년 늦여름
유 영 숙

차례

유영숙 시집 - 비가 오면 나를 씻는다

1부
봄은 오고 있다

마른안주 황태포 / 13
솟아오르는 봄 / 14
백련사 동백을 만나다 / 15
봄 밤 / 17
찔레 / 18
벚꽃 아래 들면 / 19
법당에서 / 20
내소사 가는 길 / 21
초봄 / 22
사월 / 23
봄은 오고 있다 / 24
낚싯대와 나란히 / 26
감꽃 피면 / 27
봄 햇살 / 28
봄이 빨리 와야 하는 이유 / 29
햇빛 좋은 날 / 30

차례

2부
내 그림자는

내 그림자는 / 33
나는 체크무늬를 좋아한다 / 34
달력이 사는 세상 / 35
내가 좋아하는 장미 / 37
말ᄅ의 채찍 / 38
느긋한 아침 / 39
짚라인을 타다 / 40
보성군 열화정에서 / 41
섬 / 43
파크골프 / 44
비빔밥 / 46
너의 이름은 피곤 / 47
혼자인 날 / 48
삼겹살 먹는 날 / 49
유년의 장날 / 51
점심시간 / 52

차례

유영숙 시집 – 비가 오면 나를 씻는다

3부
비가 오면 나를 씻는다

비가 오면 나를 씻는다 / 55
초여름밤 / 56
저녁이라는 이름의 여자 / 57
비 오는 날에 / 58
빗방울을 매달고 / 59
모정 / 60
장마 / 61
아버지의 나이 / 62
저녁달 / 63
비를 기다리며 / 64
나이 / 65
두통 / 66
방황 / 67
네모 난 오후 / 68
시 / 69
다리 위를 서성이는 날 / 70

4부
우산 하나 사고 싶다

가는 손님 / 73
모래밭에서 / 74
파도 / 75
그리움 / 76
안부 / 77
우산 하나 사고 싶다 / 78
달 밝은 밤 / 79
창문 너머 빈집 / 80
갈대 / 81
가을에는 / 82
국화 피는 질마재 / 83
아버지의 가을 / 84
붉은 꽃, 꽃무릇 / 85
선운사 붉은 꽃 / 86

차례

유영숙 시집 – 비가 오면 나를 씻는다

5부
그 겨울에 안개꽃

그녀가 생각나는 저녁 / 89
낙엽, 거부하는 / 90
게으름 / 91
그 겨울에 안개꽃 / 92
조난자 / 93
가을이 가네 / 94
우려낸 찻잎을 버리며 / 95
은행잎 날리는 / 96
폭탄주의 비애 / 97
11월 / 98
눈 오는 아침 / 99
눈 내리는 고향 언덕에는 / 100
겨울 강가에서 / 101
지난겨울, 백련지에서 시를 줍다 / 102
겨울, 그 중간에서 / 103

■**해설** | 사유로 직조한 수평의 집
  – 김영 (시인, 문학평론가) / 107

1부
봄은 오고 있다

마른안주 황태포

깡마른 울 엄마 골반 **뼈** 같은 바람이
가슴팍을 헤집더니 비가 오려나
하늘 밑 공기가 층층으로 캄캄하다
묵은 감나무 어혈을 풀기도 전인데
뼈의 주인은 기다림에 익숙하지 않다
벌써 비틀어진 마디를 스스로 고르고
녹이 스며든 몸으로 생강을 심으려한다
비를 기다리는 밤
마른 **뼈**에 새 살 차오르는 시간처럼 길다

접시 위에 수북이 바짝 마른 몸
그대로 두고 나왔다

솟아오르는 봄

촉수를 다듬은 구름
몽긋몽긋 부풀어 오르면
덩달아 속치마 날리는 봄
보리밭 숨은 이랑 사이로
자잘한 냉이 꽃 터지는 소리에
요양병원 창문이 열리면
낡은 환자복 사이로 얼굴 내미는 손목
고사리 홀씨
죽은 자의 무덤가에서 일어서는 봄

날리는, 내미는,
솟아오르는 봄

백련사 동백을 만나다

삼월 마지막 날
붉은 동백 보러 백련사에 들렀다가
댓돌 아래 여정 벗고 들어선 공양간
바루를 건네는 스님의 흰 손가락
내려앉은 속눈썹 열여섯 수선화이다
하도 여린 낯빛
지레짐작한 나이 묻지 못하고
살다 온 곳 어딘지 알지 못하여
슴슴한 나물에 밥을 비비며
맑은 감잣국으로 대신한다

만경루 앞 배롱나무 심장을 흔드는
불경소리 낭랑하여
저녁예불 대웅보전 들어서니
장삼 두른 어깨 위로 파르스름한 동백
자비를 배워가라 청아한 목탁소리
집으로 돌아가는 길
말 한마디 섞지 못한 아쉬움에
동백 숲만 돌고 도니

돌담 아래 수선화가 빙긋
합장하며 위로한다

봄 밤

말간 물에 씻어놓은 듯한 열무 한 다발
풀빛이 발가락 사이를 파고든다

모퉁이 돌아선 양지에 갓 올라온 머위
한 잎 베어 문 듯 몸을 씻는 목련
가지마다 송곳니가 돋아나 둥지 안에
꽃잎 부딪치는 마당이 소란스러워진다

문지방 넘어 등 뒤에 서서 제 나이
분간 못하고 철없이 귀밑머리 붉어져
식어버린 구들에 온기를 내어주며
온몸으로 막아서는 봄밤을 붙든다

찔레

오월에는
걸음을 멈추고 돌아서서
종일 찔레 꽃잎을 세다가
꽃잎 보다 더 희어진
누이의 입술을 찾는다
뱀의 혀 보다 더 붉어진 태양
스스로 깨어져 부서지는 조각들
허물어진 담장 위로 쌓인다
뒤 바라지를 열고 들어온
세상 속 바람
마당 가득한 아카시향 밀어내면
어느새 찔레 덤불이 되어버린 누이는
자운영 물결 긴 치맛자락을 끌며
오월을 놓아준다

해마다 오월이 오면
누이의 가녀린 목덜미에 돋아난
찔레꽃 새순을 보며
서쪽에서 부는 휑한 바람 소리를 듣는다

벚꽃 아래 들면

완숙한 4월의 거리
꽃그늘 아래 들어
꽃자리 훔친 범죄자
꽃잎에 갇혀
분홍에 물들고

법당에서

부처님께 삼배를 올리고
참선을 하고자 좌복에 앉았다
생각이 생각을 밀고 끌고
놓았다 당기기를 수백 번
바람이 분다
목련 꽃 하얀 상처를 데려간 바람인가
오늘은 비를 데려왔다
절 마당 모래알 사이사이로
비 스며드는 소리 깊고
스르르 내려앉는 눈꺼풀 무겁다
쫘악~
스님의 죽비 소리
고요가 물러나고 다시
생각이 생각을 밀고 당긴다
누군가 보시로 올려놓은 꽃바구니
시린 어깨 저린 무릎
엄숙한 찬 공기를 데운다
문밖
가지런히 벗어 놓은 신발 위
서로 다른 빛으로 섞이는
초록이 화려하다

내소사 가는 길

벚나무도 애기 단풍도 녹음으로 반기는
전나무 가지 끝 내소사로 이어지는 길
구름마저 낮달 뒤로 숨은
맑은 향에 씻긴 하늘 아래
변산 앞바다 짠물 몸으로 삭혀 낸
아버지의 휠체어를 미는 아들
불도의 힘으로 밝은 낯빛에
바람꽃 향기 입가에 핀다

꽃피운 보리수 아래
범종각 범어 흔드는 부드러운 바람
고기잡이 아버지의 한 평생 소금기 절인 두 손으로
합장한 손 끝
내소사 단청 닮은 살갗 위로
소생하는 전율이 흐르고
대웅보전 꽃 창살 꽃봉오리 내려앉는다
탄신 맞은 부처님의 선물인가
부자의 마음 밭이 공덕으로 쌓인다

초봄

의자 등받이 낡은 스펀지
지난날 몸살로 붉어진 무릎 관절
책상 위에 엎드린 약 상자
돌아올 길 잃은 흐트러진 화분
그리고 나
건물 1층 창 안에 갇혀 있다
이맘때쯤이면 누구인가
햇살 한 줌 곱게 채 썬 초무침
아지랑이 자잘하게 다져 빚은 완자 부침
드나드는 꽃샘바람 막 튀겨내어
사식으로 넣어주곤 하던데
늘어진 소매가 창을 닦고 있다

사월

떨군 목련을 만나고서야
꽃 피는 때인 줄 알았습니다
꽃잎을 쓸어 담다가 문득
봄이 왔구나
벚꽃 잎 흥건한 바람 사이로
사월이 가네요

봄은 오고 있다

통장 잔고는 여름 날 수박씨 뱉듯
옴막옴막 빠져나가는데
한 장 보태진 약 처방에
푸석해진 머리칼 눈가를 찌른다
식이요법 용지 건네주며
식후 30분씩 걸어야 생명의 위협 줄인다고
삼월 엄지발가락 멍드는 소리, 같이 쥐어 준다

푸념으로 버무린 점심상을 물리고
머릿속은 '내일부터'라는 고질병이 신발 끈을 휘잡는다
정신적 양심은 달달함 삭제한 차를 내놓고
넉넉한 등받이 몸을 기대어
봄꽃 다발로 쌓이는 잠시 동안의 꿈을 꾼다

봄꽃 시들기 전 나가 걸어라
삼시 세끼 챙겨 먹듯 하루 세 번 걸어라, 꼭!
가방 속 약봉지가 동동거린다
한 장 늘은 처방전
낡아가는 가로수 등허리에 옹이 하나 보태어도
내 안의 겨울, 담벼락 실금 사이

푸른 듯 붉은, 꽃그늘 비집어드는 봄
봄은 오고 있다

낚싯대와 나란히

낚싯대와 나란히 앉은 아버지와 딸이
한낮의 무료를 쪼개고 있다
속내 꺼내 노랗게 몸을 떠는 망초 꽃
뒷다리 저어 수면을 미는 소금쟁이
한낮의 나른함에 갇혀 있다

미끼 떼어진 낚시 바늘
허울 좋게 춤추어도 거두지 않는다
머문 이들 빈 손 둠벙을 채우고
살아 있는 생명을 지킨다

낚싯대 위에 긴 고요가 앉으면
한숨 두어 바가지 퍼내고
빈 주머니 뒤적이며
낚아야 할 것이 무엇인지
놓아야 할 것은 무엇인지

바람 이는 물결에 몸을 맡긴
아버지와 딸은
물속에 없는 하루를 낚아 일어선다

감꽃 피면

삐죽한 머리카락 사이로 흐르는
앙칼진 유월의 햇살에
모로 누운 그림자 위로 피는 노란 감꽃
내 입에 한 개
동생 입에 서너 개
아홉 살 누나는 달큼한 감꽃 철학을 일러준다
한 발짝 나서면 아카시 흐드러지게 피어
하얀 목을 빼고 있는 뒷산
쉬엄쉬엄 흐르는 앞개울에
뒷다리 앞다리 나온 올챙이 떼 천지
무심하게 푸른 감잎 아래 어린 동생을 가두어둔 게지
감꽃이 피는 시기도
달짝지근 목젖에 닿는 감꽃 향도
관심 밖인 장성한 동생이 다행이다 싶으면서도
이제 곧
푸른 궁둥이 밀고 나올 감 모양의 풋것
자라고 익어갈 터전을 다듬어 놓은
감꽃의 존재 알기나 할까
아홉 살 누나의 심정을 아는지 모르는지
감꽃은 무던하게 피고
또 떨구고 있다

봄 햇살

열 손가락을 펴 해를 가립니다
손가락 사이 봄빛이 걸리고
꽃잎은 날려
허물이 우수수 떨어집니다

봄이 빨리 와야 하는 이유

찬바람 불면 사지에 바늘이 찔린다는 친구
머리는 두둥실 구름 아래 뿌옇고
네 맛인지 내 맛인지 혀끝은 더디게 뭉툭하고
사는 맛도 멋도 없다는 친구

작년 겨울만 해도
양지 틈에 해가 나오면
호미는 성에 차지도 않아 얼굴만 한 삽을 들고
냉이 뿌리 캐러 나가고
난로를 들여 군고구마를 판다하고
누룽지 만드는 기계를 사서
아침마다 큰 솥 서너 개씩 밥을 하는 욕심을 내더니
찬바람 부는 은행잎 수북한 길을
감성은 버리고 현실로 걷고 있다

온난화 현상이 지구인의 큰 걱정이지만
봄을 일찍 불러
일복이 많아 지친다는 그녀의 손등 꺼내 주고 싶다
산수유 생강 꽃 피고 냉이 꽃 지천인
새봄이 그녀의 명약이 아닐까

햇빛 좋은 날

몸 안의 혈관 모두 꺼내어
베란다 창가에 서고 싶은 날
볕 기운 돋은 화분 모두 깨어서
갑갑한 뿌리를 숨 쉬게 하고 싶은 날
봉인된 오월의 입술이 열리고
버드나무 새잎 숨소리 짙어지는 날
내가 나를 볼 수 없는
내가 보이지 않는 날
병이 깊어지는 걸까
병이 나아지는 걸까
쑥부쟁이 지천으로 널린 한 낮
세상 모든 줄기
수맥이 통통 튀는 날
안과 밖이 대등한 날

2부
내 그림자는

내 그림자는

내 그림자는
막 쪄낸 찐빵처럼
포근포근 따뜻했으면 좋겠어
시장 골목 안길
눈꼬리를 내린 순진한 꽃이 얼굴로 피는 사람들
둘러앉아 달달한 앙금으로
허기진 배를 인자하게 채워주고도
주머니가 비지 않아 다행이다 싶은

내 그림자는
아침 운동길 천변 물가처럼
부드러운 곡선이었으면 좋겠어
쑥부쟁이 어린 싹 맘 편히 오르고
송사리 떼 일렁이는 물길에도
낮달 편하게 안겨있는
제 갈 길 바쁜 걸음 차이지 않게
비켜 앉은 수줍은 돌덩이 사이로
바보처럼 핀 꽃이어도
이름표 있는 그림자였으면

나는 체크무늬를 좋아한다

꽃무늬 보다 체크무늬가 더 좋다
굵거나 가늘거나 진하거나 엷거나
수평과 수평을 이루는 선과 선들 사이로 생겨난
작고 네모난 방이 좋다
쉼 없이 달그락거리는 세상 숨소리
작고 네모난 방에는
다 자란 나무도 덜 자란 나무도 갈증이 없다
햇볕에 찻잔을 씻어 찻물을 우리는 날
방과 방 사이의 문을 열면
이름 모를 새들
네모난 방의 벽 작은 부리로 쪼개
어제와 오늘 소통의 바다에 이른다
꽃 향 대신 고른 숨소리 편안한 네모
체크무늬 셔츠 단추를 채우며
반듯한 하루를 입는다

달력이 사는 세상

새벽이 커튼 사이로 걸어오면
그녀의 이불이 들썩인다
잠귀가 밝은 그녀는
어스름 그림자를 눈꺼풀로 누르고
나를 뚫어져라 바라본다
죽상을 하고 다시 눕던 그녀 벌떡 일어난다
내 몸에 붉게 둥글게
거칠게 판화를 새기던 오늘이다

나는 네모 반듯이 하얀 정장을 한
그녀 방을 지키는 보초병
어둠과 고요에 강하다
사진 속 그녀는 충만한 미소 여전하고
삼 년째 토슈즈를 묶고 있는 발레복 입은 소녀
답 없는 불평은 벽 속 깊이 밀어 넣고 못질을 했다
한 달의 마지막 날이면 달거리하듯
벅벅 찢기는 아픔이라도 있어 다행이다
가끔 그녀의 머리칼에 베어든 취기가
옷깃을 구기는 날에는
커튼 밖 세상은 어떠한지

늦은 시간 그녀가 들어와
홍조 가득한 얼굴로
내 몸에 알 수 없는 문자를 새긴다
'행복을 찾아서' 접속 후 잠이 들것이고
나는 다섯 번째 관람 중이다
이 방을 지키는 문지기 보수로 충분하지
커튼 밖 세상이 궁금하지 않다

내가 좋아하는 장미

장미 축제가 열리는 계절
동그란 지구를 반으로 나눈 대지에
80억 인구를 모아 놓은 듯 각양각색의 장미가 만발
꽃 난리에 정신이 혼미하다
저 뜨거운 색감의 숨소리
꽃잎 스스로의 마찰에 불이라도 일지 않을까
가시는 일찌감치 몸을 숨겼나보다

작년
K선배네 대문에 오른 줄장미
햇빛에 꼬여 몇 날 동안 제 몸 불사르더니
농 짙은 사진 몇 장 남기고
덩그러니 올려놓은 가시에 다가가지 못했다
다시 꽃 피는 계절
주인 닮아 한가지색으로 붉은 장미
아무도 모르게 쏟아놓은 고백
오월 햇살 속에 불타오르고 있다

말(ㄹ)의 채찍

말의 채찍을 얻어맞은 날은
언제나 아픔이어
혈관을 비집고 들어온 독기 붉어져
마른 풀줄기 둥치를 만든다

아스팔트 속 몸부림치는 잡초
학교 운동장이 그리운 날이면
곱게 땋은 생각 옥양목에 펴 널어
채찍의 갈래 풀을 먹이자
살구 빛 원피스 위에
금빛 쨍한 보석으로 상처를 가리고
마네킹의 미소로 닮은 모서리들

말의 채찍 얻어맞은 후
잡목 무성한 숲에서도
마른 풀을 적시고 둥치에 잎을 피워
꽃으로 아물고 싶다

느긋한 아침

19℃와 42℃의 냉탕과 온탕
차디찬 그물 속 헤어 나오려
몸부림만 치는 사람들
뜨뜻한 늪지에 슬며시 발을 밀어 넣는 사람들
뻔뻔한 촉수로 돌돌 말린 무릎을 세우고
냉탕과 온탕을 가르는 경계 턱에 앉아 있는 사람들
호랑가시나무 꽃은 피었는데
꽃 피고 잎 돋은 기억을 잊은 채
바위틈에 졸고 있는 철쭉을 언제쯤 깨워야 하는지
하루가 24시간이 아닌 21시간이었다면
나는 지금 어디에 있을까
등을 보이는 많은 생각들이
물줄기와 물줄기를 넘나들다가
샤워기 포물선의 발길에
더 낮은 곳으로 자리를 피한다
들고 나는 사람들마다
머리에 어깨에 혹은 한 손에
아침 해 하나씩 들고 들어오는 일요일 아침

짚라인을 타다

새로 살고 싶다
생이 닫히고
어둠 속에 붉은 점 하나 관통하는 찰나
삶이 팍팍하였을까
고막을 가르는 악다구니 그치고 나니
나는 새가 되었다
침묵이 심장 안에 부풀어
새가슴에 박힌 못이 헐거워진다
내 사는 세상이 이처럼 고요 하였던가
나 혼자 이었던가
산 위로 오른 달맞이꽃
달덩이를 불러들여
잘 빚은 새의 날개를 바친다
자유롭지 못한 새
하강하는 새들
추락하는 날개를 잡아끄는 외줄의 끝

새로이 살고 싶다
낮은 세상으로 동행하는
버스 안에서 유리창을 열고
부끄러운 나를 버린다

보성군 열화정에서

동기간의 기쁜 만남 화목한 정을 나누고자
세운 열화정
후진을 양성하고 의병 집결하던 정자

돌담 안 옛 가옥은 말없이 고른 숨을 내쉬고
섣달 하늘은 의로운 역사를
정원 연못 위에 수묵으로 그리고 있다

일섭문 지나
누마루 조신하게 올라보니
득량만 일출의 뜨거움
물결 아래 감추어 잔잔하고
오봉산 널따란 구들장 온기
수그러드는 한 해를 따스하게 감싸고 있다

대수롭지 않은 하루를 접어
바퀴 차에 구겨 넣고
별반 다를 게 없는 저녁 밥상을 차리러
마을회관 계단 털신으로 넘어서는 할머니들
드라마 촬영지 유명세로 드나드는

미나리 싹보다도 푸른 젊은이들 덕에
열화정 앞마당 벚꽃잎 같은 미소가
합죽하게 벙긋거린다

섬

오르락내리락 갈매기 날갯짓
뱃길을 맴돌고
육지를 향해 내달리는 파도
생각의 끄트머리를 섬 안에 내려놓는다
피었다가 져버린 꽃잎
연푸른 새 잎으로 돌아
건너오고 지나오며 잉태한 무게
출렁이고 출렁이다
섬으로 뿌려 놓았나
들었다 놓았다를 반복한
내 안의 섬들
돌아오는 바다 위에 생각을 뉘이는데
목젖을 누르는 출렁거림
남겨놓지 못한 섬 하나 있네

파크골프

화창이라 이름 붙이고 싶은 날
육체운동에 목말라하는 몸들이
파크 골프장에 나섰다
조준, 탁!
명쾌한 소리와 더불어
직진으로 날아가는 시원함
나도 조준!
틱~
이런 젠장
넘지 말라는 선을 시원스레 넘나들고
애써 쳐놓은 그물망을 펄럭이다 못해
애꿎은 조경수 몸뚱이를 사정없이 후려치고
주먹만 한 파크 볼이 화려한 색감과 어우러져
진기명기를 선보인다
앞으로 직진하는 사람들 사이에서
오비난 공을 찾아
세상에 처음 나온 꽃게처럼
옆걸음질 한다
어기적 어기적 거리며 이런 젠장
절로 나오는 욕을

마음 안으로 접어 넣는다
또다시 딱 어김없이 띡
이런 젠장이 가을 하늘을 뒤덮는
일요일 오후
가을날은 속도 없이 화창하구만

비빔밥

너도나도 유행인 듯
비우라 비우라 해서 비우려니
허한 마음 위장이 먼저 보챈다
냉장고 속 털어 참기름에 고추장을 더하니
숟가락 끝에 착착 안기는 밥알들
가득 채워지니 눈이 밝게 떠진다

신랑이랑 첫 데이트 후에도
늦은 저녁 열무김치로 밥을 비볐고
둘째 아이 임신해서도
시댁 어른들 눈치까지 비벼
열 달을 비빔밥으로 태교를 해서인지
양푼처럼 넉넉하고
맘 씀씀이 또한 동그랗게 어우러진
아들이 든든하다

오늘도 내려놓지 못한 습성에
옥상 한편
오그라지고 뻣뻣한 상추 오이 따다가
여름 한낮 뙤약볕을 비비고 있다

너의 이름은 피곤

아침마다 발가락 끝 너의 무게 가늠해 보고
거칠게 밀어낼까 하다 빈 웃음을 준다
매일 밥그릇 위에 고명처럼 앉아있는 너
눈 비비고 밥숟가락을 퍼 올리며 생각한다
우리의 첫 만남은 어떠했을까
나란히 앉아 별을 마주하며 수줍기는 했을까
듬성듬성 생각나는 너의 모습은
비 내리기 두 시간 전 위태로운 눈꺼풀로
안락한 의자를 내게 선물했지
앞으로만 가는 시계처럼
멈출 생각이 없는 너와의 사랑
적당한 거리는 사치인 줄 안다
밥상을 치우고 나니
너는 어느새 가방에 얌전히 앉았구나
오늘도 너와 함께 아침을 가른다

혼자인 날

여름은 막바지를 향해 달리고
그런 여름을 나무라는 비가 내린다
굵기를 가늠할 수 없는 빗방울
유리창에 토요일 오후 한적한 미소를 그린다
된장국에 밥을 말을까
신 김치 쫑쫑 썰어 밀가루 전을 부쳐볼까
친구를 불러 삼겹살을 구울까
소리 없는 빗물 사이를 유영하는
혼자라는 사실이 행운목 잎에 내려앉는다
해가 없어 햇빛도 없는 날
무릎담요 끌어다 앞마당 산 그림자에 덮어주고
냉장고 열어 있는 반찬에 늦은
한 끼를 때운다

삼겹살 먹는 날

아픈 바람
어깨 깊숙이 숨어들고
시린 무릎 두두둑 요란을 떨어
방 닦기를 포기한 날
병원 약보다는 삼겹살이 급 처방이라는
친구와 마주한다
수박씨만큼이나 커진 눈 밑 주근깨
눈꼬리 깊은 고랑의 서글픔이
불판을 달군다
달려드는 세월에 부딪치며 얻어낸 훈장
낮달 속살 같은 상추쌈에 얹어
서로에게 건네면
몸통만 남은 겨울 가로수처럼
자극에 흔들림 없던 감성들
미끈한 유분기에 춤출 준비를 한다

싹 틔울 어린 속잎 겹겹이 껴안아 지켜냈으니
온몸으로 읽어내는 세월 가는 소리쯤은
묶은 지에 버무려 시원하게 삼켜버리자

어릴 적 고래 한 마리
마주 앉은 친구 볼우물에서
뼈 없는 춤을 춘다

유년의 장날

다섯 밤의 기다림은
머릿결 정돈하여 질끈 묶고
싸리문에 일찌감치 진을 쳐보지만 잡힌 손목
다독다독 아랫목에 앉히고
접은 책보 몸뻬바지에 찔러 넣고
맥없는 흰 고무신을 재촉하신다

다섯 살배기 동생의 칭얼거림은
백설공주 일곱 난쟁이 밥을 짓고
땟물 훔치며 박을 타는 흥부의 흥얼거림
연꽃 위에 앉은 심청이의 효심
마루턱에 걸친 구름 속 이야기로
눈꺼풀에 차곡차곡 쌓여 한낮이 저문다
시정 옆 늙은 팽나무 기운 없는 잎은
연신 서로를 비벼대고
어깻죽지 늘어진 해는 서녘을 기웃거리는데
엄마 그림자 쫓는 열 살 누나의 설움은
대추알마냥 두 눈에 그렁그렁

점심시간

둥근 해가 지붕 한가운데 앉았다
폴짝 3층 계단을 내려온다
폴짝폴짝 2층 계단을 내려온다
폴짝폴짝폴짝 1층 계단을 내려온다
그제보다 어제보다 더 빠른 속도다
집채만 한 허기가 상추밭을 덮친다
둥근 해가 상추쌈 속에 숨었다

3부
비가 오면 나를 씻는다

비가 오면 나를 씻는다

 발가락에 구멍이 난 걸까 벚나무 잎을 타고 서너 발 앞서 떨어지는 빗방울이 발가락 사이를 파고든다 굳은 무릎을 타고 위장 벽을 훑으며 가슴팍을 헤집고 정수리로 솟구치는 빗물이 뾰족한 사선으로 내리 긋는다 물빛 아닌 흙빛으로 퉁기는 빗방울이 속을 헹궈냈다 누가 알까 두렵고 부끄럽다 강물이 웩웩거리고 울부짖는 날 몸을 씻는 이가 나뿐은 아닌지 범람하는 물굽이가 기어코 강둑을 눕히고 말았다

 풀줄기 일어 설 무렵 물속의 흙티 또한 가라앉아 강바닥을 걷는 물고기들의 가슴을 쓸어 줄 때쯤 비가 내려도 등을 보이지 말라는 말 알고 있었다

초여름 밤

별 총총하고 꽃잎은 포개 앉아
달빛에 취한 밤
달빛 얻어 볼까 꽃 옆에 앉으니
나도 꽃이었을 시간 주마등처럼 스치고
떠난 사람의 흰 꽃 달무리로 번진다

새벽부터 조잘거리던 새
달빛 덮고 잠이 들었나
바랜 무릎 포개고 앉아
내 꽃자리 새기는 밤
꽃바늘 시침으로 마당에
홑이불 하나 선물하는 밤

저녁이라는 이름의 여자

물빛 숨 빛 서늘한 날
반쯤은 타버린 입술로
느티나무 아래 새겨진 그림자의
이름을 노래하는 여자
누군가와 약속 하나 있을 법한 얼굴로
이름 석 자에 군가와 교가를 섞어 노래하며
산길을 내려오는 여자
가끔은 음식물 쓰레기통처럼 서 있는 여자
어둠이 역에서 역으로 옮겨가고
밤으로 이어지는 바퀴들의 행렬 속에
보풀만 남은 여자의 어깨
적막이 여자의 이름을 주워 담는다

비 오는 날에

빗물이 유리창에
새로운 길을 만들어내는 날
우울이 밀어 올리는 목젖은
축축하면서 묵직하고 쓰다
비가 온다
누군가 들어오고 나가는지
착잡한 바람이 손가락을 밀치고
키보드 위에 올라앉아
아직 식지 않은 찻잔을 끌어당긴다
출출히 젖었는데도 목이 타나보다
주머니 속 허기도 일어선다
오늘 같은 날
빗물이 우울을 불러들이는 날에는
젖어 들어오는 침묵이라도
마주하여 겸상을 하고 싶다

빗방울을 매달고

살던 집 송두리째 기술자들 손에 맡기고
삼십 년 묵은 살림 버리고 버리고
버리지 못한 짐 싸안고 피신한 친정집

늙으신 엄마가 차려 준
밥상을 물리고
느긋하게 바라본 창밖에
비가 내린다

매화나무 잔가지 이른 봄꽃 거두고
청매실 가득 매달아 수확하고 나니
붙들고 산 미련 버리지 못하고
빗방울을 매달고 있다
버리지 못한 버릇인가
품고 살아야 할 팔자인가
비는 그칠 생각이 없고
매화나무 잔가지 빗방울에 휘어질까
걱정하나 늘었네

모정

기다리던 단비 때마침 내려
부어 두었던 들깨 모종 들고
질퍽한 들깨 밭으로 향한다
언제쯤 밭농사 안 지으시려나
밭 가운데 들깨 모종 꾹꾹 눌러 새기고
그것도 일이라 친정 갈 때마다 생색을 낸다

짧은 옷소매가 낯부끄러워지는 아침
가을인가
붉게 물들고 노랗게 익는 바깥세상 눈에 들어와
가을볕 온몸에 적셔 톡톡 터질 들깨 생각에
하루쯤 밭에서 보내려니
전화벨이 울릴 때마다 놀란다

가을걷이 끝나도록 부르지 않아
다행이다 싶은 어느 날
소주병에 삐뚠 글씨로 참기름 들기름
통깨 깨소금 거피 들깨가루 많이도 보내셨다

비비 꼬인 심보 풀어 수화기를 드니
"아끼지 말고 먹어라"

장마

책장 한 장 넘어가는 사이
빗줄기 거세지고
빗줄기 거세지는 창밖에는
어둠 짙어가고
어둠이 짙어가는 길목에서는
비워내야 하는
내 속 사정이 씻기고 있다

아버지의 나이

싹을 틔워 열매 맺는 일 업인 줄 알고 살았지
빛 좋은 햇살 알맹이 거두어 가고
잘린 목으로 널따란 밭이랑을 지키는
저 건장하지 못한 수숫대
밭두렁마다 내 땅인냥 널따란 잎 진을 치던 넝쿨
색 변한 풀 뭉치들 사이에 앉아서도
다 큰자식 찬이슬 맞을까 안타까웠던 아버지

오늘은 토방 마루에 앉아
예전엔 보이지 않던 눈빛으로 허공을 쓰다듬는다
너도나도 백세시대를 유행가 가사처럼 부르는 세상
상관없는 듯 무관한 듯
삶의 반환점을 붙잡고
꽤 오랫동안 앉아계시는 아버지
길 밖으로 밀쳐진 상흔들은
바삭한 가을 담장을 기웃거리는데
앙상한 아버지의 손을 잡은
아슴한 시절의 기억들이
거꾸로 돌아서려는 아버지의 발길을 붙들고
거꾸로는 말고 흐르는 듯 비추는 듯
느긋하게 가자한다

저녁달

칠월의 초저녁 살갗
낭창하게 휘어감은 초승달이
창문을 두드린다

제 몸에 맞는 옷을 찾아
바다로 떠난 물고기들이 벗어 놓은
비늘의 각질마저 버리지 못한 하루가
차창 밖으로 얼굴을 내민다
낮 동안 무성한 나뭇잎에 베어진
뜨거운 피를 대지에 쏟아내던 불덩이
삼켜버린 하늘은
바닷물에 붉은 입술을 씻고
이른 잠이 들었나
꺾인 허리마다
제 살빛으로 보름을 엮어가는
저녁 하늘의 익숙한 빛
오늘 잃은 것은 달빛에 묻으라 한다
이만큼의 나이보다 더 키 높은 반성이
새벽까지 불 밝히고 있다

비를 기다리며

버릇이 생겼어요
마른 잎을 보면 가만히 들춰 보아요
천변을 걷다가
횡단보도 앞에 멈추어 서서
땅바닥을 가만히 내려다봅니다
당신은 어디쯤 오고 있는지

나의 기다림 따위는 상관없이
제시간에 맞추어 오겠지요
변함없는 예전의 모습으로
하지만 내게 있어 당신은
같은 모습인 적이 없습니다
굵은 장대로 바람을 동반하여 놀란 적 있고요
당신은 오기 전 미리 기별을 주긴 하지요
살아 있을까 싶은 것들 안주머니에서
잠든 생명을 깨워 밖으로 내보내지요
당신이 오기까지 더 기다려야 한다는 것을 알지요
혼자 기다리기엔 억울하단 생각이 들어
안으로 들여 놓았던 화분 몇 개를 내놓습니다

나이

허연 서리 이마 위로 내려앉은 늦가을
박제된 시간의 뚜껑을 열고
양손 가득 하늘을 퍼 올리면
아물거리며 뒷걸음치는
주인 없는 구름들
주르륵 흘러내리는
청춘

두통

어제보다 깊어진 머릿속 골짜기에
걸어 들어온 애벌레들
어금니 부딪치는 소리를 내는 밤
관자놀이 지그시 눌러
톱니바퀴의 수명을 가늠해본다
헐거워진 수틀 속에 흐트러진 꽃잎이
식어버린 화로처럼
덩그러니 뼈로 남을까 두렵다
흐려진 초점은 잠자던 난시를 깨우고
유리컵에 물은 뿌연 밤안개를 불러오고
묶어 놓았던 하얀 깃발 춤을 춘다
오늘 밤엔
서랍 속 계곡 깊은 수면 중인
해를 닮은 알갱이
조심스럽게 깨워야겠다

방황

빛을 삼킨 신호등 앞에 섰다
일러주던 지침의 색은 사라지고
네 귀퉁이 안에 동그라미 형체를 잃고
흐물거리는 바닥 열기는 텁텁한데
방금까지 오가던 법규는
길 건너로 유유히 달아난다
궁핍한 호주머니 밤바람만 가득하다

네모난 오후

햇살이 반듯한 버티칼로
나누어지는 오후
한 층 한 층 탑을 쌓듯 몰려드는 나른함
잘 맞추어진 문장을 건너 건너 읽다가
글자들을 뭉개고 누워
네모 반듯한 햇살 그림자를 본다
틈이 많아 덜컹거리는 나는
반듯한 네모인 적이 없다
유년에 본 다랑이 무논처럼
구불구불한 논길
척박하지만 나름의 그대로가 편안한
음표보다 쉼표가 많은 나
하루 밥값을 다하는지 모르겠지만
뭉개진 글자를 매만지며
갯벌 속 알찬 바지락이 생각나는
입맛 살아있는 오늘 오후가
행복한 느림보

시

연필심 꾹꾹 눌러
편평히 고른 지면 위에
너를 심는다
당연한 듯 비스듬히 쓰러지는 너
마음의 문을 열어
토닥이고 상처도 내보지만
너는 항상 비스듬하다
쓰러진 심지
지면의 숨소리 이해할 때까지
얼마나 더 기다려야 하나
오늘도 맨바닥의 단어들 쓸어 모으며
다시 연필심을 깎는다

다리 위를 서성이는 날

얼굴이 붉어지는 날에는
다리 위를 서성인다
사람들의 모서리가 베어낸 상처
다리 위에 놓는다

두터운 철골 뒤범벅된 생채기 어지러운 발자국
남로와 북로의 이음새
다리는 모두 알고 있다
지난여름 태풍에 휩쓸려 온
광기가 부르는 얼룩진 자국
태연하게 씻어내는 폼 넓은 다리

붉은 얼굴에 엉켜 붙은 얼음장
부드러운 바람에 식어 열기가 녹는다
다리 위에선 모두가 내편
곁에 다가선 바람 숨죽이고 눈 맞추어
다리 위 걸음 물빛에 눕고
비로소 나는
한 움큼 떼어 놓은 쪽잠을 앉힌다

4부
우산 하나 사고 싶다

가는 손님

한낮
장독대에 무료한 볕 채반에 거두고
추석 맛 나는 바람 주머니에 가득 채워
양껏 들이켜니
푸른 이끼 덮인 하늘
천길만길 물빛 속에 깊어지고
길섶 이파리들 염색질 하느라 바쁘다
내놓은 칡꽃 차 한 잔에
앞서 들렀던 손님은
질척한 시간의 웅덩이 속
훈김 나는 발을 빼려 하고
헐떡이는 열기는
남은 자들의 이마에 미열로 식는다

모래밭에서

달리는 시간과 결별을 다짐하고 찾은 바닷가
밀리고 밀려가는 파도는 시간을 삼키고
조개도 갯지렁이도 없는 모래밭
모래는 발가락을 삼키고 침묵한다
뜨거운 발목으로 서서 동그랗게 웃는 사람들

발가락 같은 음표들이 파도에 출렁이며
부르는 노래, 건네는 말들
내 귀에 오르기 전
포말로 흩어져 모래알에 묻혀
듣지 못하는 병 하나 얻어간다
바둑알 같은 모래 툭툭 털면
신발 속 다시 찾아드는 발가락
파도를 감싼 바다의 노래 들려주고 있다
시계의 초침 소리 다시 달리고 있다

파도

채워지기 전에
넘칠까 쓸어가면서
가면 간다
한마디 던지고 가지

금방 돌아온다
말이 필요 없다네

올 땐 오더라도
한 마디 해주고 가지

그리움

마음속 깊이 자리한 사람
되돌아 멀리 간 사람을 생각하면
스스로 죄인이 된다

박제된 시간을 깨우는 낡은 괘종시계 울리면
옛날 집 벽장문이 열린다
아주 맑은 아침이거나 따뜻하거나
조금 뜨거운 한낮의
온기 가득한 그곳에 들어서면
바람 부는 날
은사시나무 등허리 깊은 곳을 보이듯
쉬이 가슴의 응어리를 꺼내고 만다
철썩이는 파도 토닥여
바다로 내보내는 갯바위
벽장 속 하늘은 마냥 말이 없다

시큰거리는 통증에 가슴이 울컥
한바탕 소나기가 내린다
온몸 가득 적신 빗물에 죄를 씻고 나서야
벽장문을 닫는다

안부

철탑과 철탑 생을 잇는 전선 위로
무심한 듯 구름은 바삐 지나고
계절은 통증을 느끼기도 전에
땅 위의 풍경을 바꾸어 놓는다
세월은 한결같아

가슴 먹먹한 이야기들 무덤덤해지고
일상은 쉽게 잊혀 가는데
속도의 전쟁 속에서
가끔은 첫 걸음마를 보던 때처럼
놓치고 싶지 않은 일과들
지글지글 삼겹살이라도 구우며
누구에게라도 소식 전하고 싶은 날이다
서로의 이름을 기억하는 정도만으로
지켜야 할 법률은 만들어지기에
쉬이 면접하지 못하는 아쉬운 세상
밤하늘에 총총한 별들에게라도
안부를 전하고 싶다

우산 하나 사고 싶다

갈대가 유난히 휘어지던 가을 주차장에
너를 내려놓고
눈물 훔치며 넘어서는 언덕에 피어있는 국화는
유난히도 노랗고 희었다
가을은 왜 아문 상처에 또다시 덫을 낼까
잎 떨군 나무는 말이 없고
내려앉은 잎들 조용한데
바라보는 눈길마다 덧나는 상처 하나씩 주워들고 있다

우산을 하나 살까

신발장 귀퉁이에 흔한 우산 말고
다시 찾아드는 가을 막아 낼
우산 하나 사고 싶다

달 밝은 밤

뒤집어진 속 환히 내보이고 싶은 밤
얼굴 위에 또 하나의 머리를 이고
하늘을 본다
찰진 달빛 아래 무꽃 성근진 밤
배추흰나비 미소가 내려앉는다
꽃잎 두어 장 품으려다
달빛 날개 위에 가만히 놓아준다

창문 너머 빈집

거미가 집을 나갔다
마루 한 조각 구들 두어 장
생의 주름진 옷가지들 창에 매달아 놓고서
담쟁이 선홍빛 넋은 너울너울
찢긴 문턱을 오가고
조각을 이은 슬레이트 지붕 위 굶주린 고양이
무너진 아궁이의 헛것을 보고 늘어진다
감잎은 아직 붉은 멍이 채 들지 않았고
잎 떨군 모과는 뎅글뎅글 설 노란데
빈집에 싸락눈이 내린다
창은 온기 잃은 심장에 풍금 하나 들여놓는다
허물어진 그물망
풍금 위를 덮는다

갈대

언덕 아래 비스듬히
들풀들 속 키 큰 흔들림
칼진 잎새 숨죽이고
긴 모가지에 핀 꽃
시린 안개 서슬 푸른 바람에 기울어
다 태운 보릿대 껍데기로 돌아누워도
기댈 어깨가 없는 너
목덜미 아래로 가을을 흘려보내고
언덕 아래 비스듬히
들풀들 속에 흔들리고 있구나

가을에는

가을엔 노랗게 익어가는 햇살을 거두어
금빛 저고리를 바느질하는 아낙이고 싶다
발밑에 뒹구는 낙엽 엮어
발을 만들어 걸어 놓고
더 붉어지는 노을을 바라보고 싶다
어느덧 가을의 그림자는
내 손톱 밑에 들어와 앉는다
갈대숲을 거닐던 소녀를 데리고

국화 피는 질마재

댓잎 위 뒹구는 이슬을 품은
내죽도 갯바람
웃음 터지는 꽃잎에 머물고
홍고추 치맛자락 흔드는 실바람
철탑 고압선보다도 철렁한 하늘 흔들어
솔잎 사이로 국화 꽃잎 태우는
질마재 서정敍情
토방 아래
가을볕 누이고
문풍지 국화향 물들어
어느 곳, 마실 가신 님
기다리는

아버지의 가을

어머니가 넝쿨 올린다고 가져가신 작대기는
여름 내내 담벼락에 기대어 있더니
오이 몇 개 따먹은 뒤로 행방이 묘연하다
우울증으로 표정을 잃으신 아버지는
고목이 되어버린 감나무에 기대어
지게와 나란히 앉아계신다
아직은 무성한 감잎을 세는지
자꾸 올려다보신다
익은 감보다 익어야 할 풋감이 많아 다행이다

아버지의 눈길 속 생략된 미소들
가을볕 가던 길 멈추고
삭은 지게와 아버지 곁에
나란히 앉는다

붉은 꽃, 꽃무릇

돋아난 줄기의 언약은
그리움 짙어진 눈물로
꽃봉오리 토해냈네
여미어 저민 가슴 켠에
붉게 물든 꽃술
그 헤아림
차마,
아는 체 못 하고
서녘으로 기우는 햇살
걸음을 멈추네

선운사 붉은 꽃

여기쯤인가 선홍빛 가슴
님 발자국 찾아 피는 꽃
단청 꽃 그림자 붉어라

예서 돌아설까
붉은 가슴 묻어두고
돌아서지 못한 가슴
꽃 진 자리 풍경소리 붉어라

5부
그 겨울에 안개꽃

그녀가 생각나는 저녁

마른 가지 사이로
해거름 석양이 다가오면
종종걸음이던 하루는 빨랫감을 놓고
뒷걸음으로 물러난다
두 손 가득 안아도 빠져나오는
잊었던 이야기를 하고픈
그녀가 생각나는 저녁

겨울 한 철 숭어회도 좋고
바삭한 프라이드치킨도
오늘 시작한 다이어트를 물리치고
부딪히는 술잔은 출렁거리다가 사라진다
오늘 밤을 예약한 낮달은
어디에 자리하고 있을까
슬며시 내 옆으로 오는 건 아닌지
물러서는 오늘을 술잔에 채운다
곱슬머리 그녀의 미소
동의 없이 품어보는 밤이다

낙엽, 거부하는

날리는 청춘
흩어지는 청춘
묻히는 청춘
헐렁한 가지 끝으로
바스락거리는 울음 깊어져
눈발 날려도
바람을 휘게 하는 청춘

게으름

꽃잎과 꽃잎 틈으로
빗방울이 스미는 찰나
화면은 멈추었고
손톱은 톡 하고 잘리어 나갔다
꽃 진 세상
아직 눈은 오지 않고
잘린 손톱은 찾을 이유가 없다
범람의 물결에 젖은 풀잎은
아침이 오기 전 하루를 짚고 일어서고
조여 오는 걱정은
늘 존재한다는 이유만으로도
오늘을 견딘다

돋아난 새순
더 붉은 꽃을 피워내야 하고
손끝에 무언가 걸리는 날은
손톱을 깎아야 하는데
아무렇지도 않은 듯
풍경소리 느긋하게 젖고 싶은 날
차용증 하나 더한 하루

그 겨울에 안개꽃

창밖 하얀 눈 은행나무 가지에
겨울 역사를 새로 쓰는 아침
세탁기 속 하얀 안개꽃이 피었다
안개꽃 흰 꽃잎이 온 빨래를 덮고 있는데
그 꽃씨 어느 호주머니 속에 숨어 있었을까
꽃잎을 뒤집어쓴 아이의 호주머니
겸연쩍게 웃고 있다

얼음장 깨고
곱은 손등 휘어진 허리로
묵은 체증 덜어내던 엄마처럼
빨래통에 물을 채운다
전설처럼 쏟아지는 안개꽃 꽃말
세탁기 속에서 주워내어
요동치는 물결 위로 춤추는 꽃잎들 털어낸다
버려지는 꽃말들

어긋난 일상에 만난 허물
털어낼 수 없으면 덮으라고
창밖에 소복소복 흰 눈이 쌓이고 있다

조난자

땅거미 지는 마당 깊숙이 생각이 내려앉는다
뒷모습을 그려보고 키 큰 나무를 올려다보고
사람을 그리워해 보고 심지어 밥을 굶어도 보았다
온갖 것을 늘어놓아도 점과 점을 이을 수가 없는데
누구는 세상살이가 살만하니 시가 안 되는 것이라 위로하는데
언제쯤
시는 나를 바라보아줄까

가을이 가네

하천공사로 파헤쳐 진 둑 위에
신발 끈 풀린 가을 걸음을 멈춘다
흔들리는 강아지풀 이마에 기대고 앉아
몸부림치는 들풀 끌어안으면
꼭 감은 두 눈에 정화된 별들이 쏟아진다
별들이 걸어온 길에는
아직 푸른 기가 남아 있다
나이테 하나 내려놓고 일어서자
뜻 두지 말자

우려낸 찻잎을 버리며

눈길 시리도록 하늘 높아지는 날
물드는 은행잎 한나절 붙들어 놓고
배분된 시간 추월하여 떨군
잎새의 젊은 날을 달랜다
뭉근하게 데워진 찻잔
두 손으로 안으며
푸울푸울 너울대는 차향에 그려지는
찻잎의 옛 시절 그린다

제 뿌리 옆 다소곳이 앉은 가랑잎
한 겹 외투 벗은 몸을 지킨다

은행잎 날리는

말쑥한 거리에 종일 비가 내린다
스며들지 못한 마른 기침
노란 잎으로 내린다
토해내지 못한 걸음
한발 앞서 빗물로 내린다
열 달하고 보름을 태워버린 출렁거림
노랗게 휩쓸려 내린다

폭탄주의 비애

유리잔 속 넘쳐나는 단어들
연골 부딪히는 소리를 들으며
몇 할 몇 푼 몇 리의 진실을 알기 위해
반복되는 술잔
술잔 밖으로 흘려지는 뜻 붙잡지 못하고
우물에 던져진 두레박 이음새 풀려
담아내지 못하는 문맥들 폭탄에 산화된다
화염에 파편이 튀어도 화상 없는 밤

11월

낙엽 지네
마른풀 꽃씨도 지네
손톱 끝 봉숭아물도 지네
가을이 지네

눈 오는 아침

눈 오는 아침
자전거가 사라졌다

닳을 대로 닳은 두 개의 바퀴
앞뒤로 매단 핸들보다 큰 바구니
해진 안장에 씌운 비닐봉지
난간 보호대에 채워진 낡은 자물쇠
주인의 국적 고향만큼이나
다양한 모양새이다

해를 낚아 올려 하루를 쪼개고
가로수 가지 묵은 이야기 끄덕이며
바람 붙들어 녹슨 체인을 닦아
종일 인력 사무실을 지키던 자전거
자전거가 사라졌다
경험 못했을 이국의 눈송이
본국에 전송하는 주인
처마 안에 앉히고
쉼의 허리를 베고 누워
하루만 더 눈이 오기를 바라고 있을까

눈 내리는 고향 언덕에는

이맘때쯤 내 고향 언저리
울 안 모과나무 시린 등걸엔
하얀 눈이 밤새워 이불깃을 짓겠지
제 집인 양 장독대에 내려앉은
감잎 서너 장에게도
눈송이는 피어 포근하겠지
방 안 화롯가에서
할머니가 들려주시던 옛이야기가
함께 익어가던 군고구마 향香에
아슴한 겨울 꽃을 피워내겠다
눈 내리는 고향 언덕 수런거림
고창의 이야기가
마주한 찻잔에 두런대며
대추나무 향을 풀어낸다

겨울 강가에서

물속에 산이 있다
살갗 떨군 수척한 산 엎드려 있다
물속에 하늘이 있다
후 불면 쪼그라들 것 같은 하늘
발아래 마주한다
물에 잠시 기대던 바람은
울렁이는 그림자를 새기며 달아나고
물길 따라 보름달이 내려오면
달빛으로 물든 겨울 물속에 잠든다
상하의 그늘과 좌우 저울질로 엮어진 허물
손끝이 찢기고 겨울 적막이 깨어진다
깨어진 조각들 하늘로 뛰어드는데
뛰어들지 못한 미숙한 파편들
실핏줄을 파고들며
내 심장 안에서 잠을 청한다
겨울 강가 고요 속에서
헐거워진 코트 깃 바로 세우고
흐트러진 마음을 하나로 묶는다

지난겨울, 백련지에서 시를 줍다

못 위를 지키는 꺾어진 자음들
꽃자루 지고 연잎 내려앉은 날에도
보이지 않는 수심에 발을 밀어 넣어 지켜낸 꽃말
당신은 아름답다

못 위에 자음으로 부르는 노래
동그라미 하나 없이
먹물로 남은 연방이 못을 지키며
흙물 속에서 울리는 진동
당신의 마음은 결백하다

못 위를 지나는 사람들
연잎차를 마시며 백련의 순수를 찾고
식물원 젊은 청춘들
어깨에 연애를 두르고 앉아 사랑을 찾고
누군가는 흘려진 시의 ㅅ을 주워든다
못 아래 움트는 모음들의 깨달음을 줍는다

겨울, 그 중간에서

서랍 안
봄풀 건드리는 농염한 햇살로 지은 옷 한 벌
찬장 유리병 속
땀에 젖은 목덜미 식혀주던 바람 한 줌
석류나무 새순 붉게 물들이던
봄볕은 어디에 두었더라
마음의 곁가지를 잘라
찬바람 가는 길 우편으로 보내려 하는데
지워진 주소록
살다 간 흔적 하얀 눈이 지우고 있다

해설
사유로 직조한 수평의 집
– 유영숙의 시집 『비가 오면 나를 씻는다』를 읽고

김영(시인, 문학평론가)

사유로 직조한 수평의 집
— 유영숙의 시집 『비가 오면 나를 씻는다』를 읽고

김영(시인, 문학평론가)

1. 체크무늬와 화광동진

어찌어찌해서 유영숙 시인의 원고가 내 손에 들어왔다. 그날 저녁에 읽기 시작했다. 귀에 익은 시인이 아니어서 궁금하기도 하고 새롭기도 했다. 아무 기대나 의도 없이 읽어 내려가다가 유 시인의 작품 속으로 점점 끌려들어 가고 말았다. 40여 편의 시가 귀퉁이가 접혀 원고가 두 배로 부풀어 올랐다. 보석을 발견한 느낌이랄까? 원고를 읽는 저녁의 기쁨이 컸다.

유 시인의 시는 진솔하고 순순하다. 화려한 기교를 부리다 딴 길로 새지 않고 지적 유희를 부리다 변형되지 않아서 이 작품집을 읽는 독자는 유 시인에게 친근감을 느낄 것이다. 그러면서 시인의 감성에 공감할 것이다.

작품 속의 서정적 자아가 '시인 자신'이라는 오독에 기대며 유영숙 시인을 엿볼 수 있는 작품을 소개한다.

꽃무늬 보다 체크무늬가 더 좋다

굵거나 가늘거나 진하거나 옅거나
수평과 수평을 이루는 선과 선들 사이로 생겨난
작고 네모난 방이 좋다
쉼 없이 달그락거리는 세상 숨소리
작고 네모난 방에는
다 자란 나무도 덜 자란 나무도 갈증이 없다
햇볕에 찻잔을 씻어 찻물을 우리는 날
방과 방 사이의 문을 열면
이름 모를 새들
네모난 방의 벽 작은 부리로 쪼개
어제와 오늘 소통의 바다에 이른다
꽃 향 대신 고른 숨소리 편안한 네모
체크무늬 셔츠 단추를 채우며
반듯한 하루를 입는다
　　　　－「나는 체크무늬를 좋아한다」 전문

　이 작품은 유영숙 시인의 고백록이라고 해도 좋을 만큼 시적 자아가 실제 작가를 잘 반영하고 있다. 시적 자아는 "꽃무늬 보다 체크무늬가 더 좋"아 한다. 꽃무늬는 화려하지만 홀로 존재하고 홀로 피어난다. 그래서 화려함도 오로지 꽃의 것이다. 그러나 "체크무늬"는 일단 바둑판처럼 가로세로로 줄이 그어진다. 두 가지 이상의 선이 함께 무늬를 만드는 것이다. 화려하지 않지만 두 줄 이상의 직선으로 서로 얽혀서 만든 무늬다.
　시적 자아가 체크무늬를 좋아하는 이유는 그다음 행에

있다. "수평과 수평을 이루는 선과 선들" 때문이다. 아무리 많은 선이 서로 엉켜있어도 체크무늬에는 수직이나 서열이 없기 때문이다. 모두 평등하고 모두 같기 때문이다. 이 선들이 만든 "작고 네모난 방"에서는 "다 자란 나무도 덜 자란 나무도 갈증이 없"기 때문이다.

유 시인의 다른 작품 「짚라인을 타다」의 "낮은 세상으로 동행하는", 「비가 오면 나를 씻는다」의 "강바닥을 걷는 물고기들의 가슴을 쓸어 줄", 「혼자인 날」의 "무릎담요 끌어다 앞마당 산 그림자에 덮어주고"에도 같은 서정이 잘 나타나 있다. 이런 구절들을 읽는 독자는 화광동진和光同塵, 즉 '빛을 감추고 티끌 속에 섞여라'라는 말을 자연스럽게 떠올리게 된다.

'나'를 내세우지 않고 세상의 객체가 되어 함께 씨실과 날실로 얽혀 더 좋은 세상을 직조한다는 시적 자아의 삶의 자세를 나타내는 말이다.

이렇게 낮고 온유하고 포근한 시적 자아의 사유 공간은 사각이다. 이 사각의 공간은 평범한 공간이 아니다. 다시 태어나는 공간이다. 유 시인의 다른 작품 한 편을 더 살펴보자.

> 햇살이 반듯한 버티칼로
> 나누어지는 오후
> 한 층 한 층 탑을 쌓듯 몰려드는 나른함
> 잘 맞추어진 문장을 건너 건너 읽다가
> 글자들을 뭉개고 누워

네모반듯한 햇살 그림자를 본다
틈이 많아 덜컹거리는 나는
반듯한 네모인 적이 없다
유년에 본 다랑이 무논처럼
구불구불한 논길
척박하지만 나름의 그대로가 편안한
음표보다 쉼표가 많은 나
하루 밥값을 다하는지 모르겠지만
뭉개진 글자를 매만지며
갯벌 속 알찬 바지락이 생각나는
입맛 살아있는 오늘 오후가
행복한 느림보

— 「네모난 오후」 전문

 이 작품 안에는 시적 자아가 좋아하는 체크무늬가 만든 "작고 네모난 방"이 어떤 역할을 하는 공간인지가 잘 나타나 있다. "틈이 많아 덜컹거리는 나는/반듯한 네모인 적이 없다"라고 말하듯이 시적 자아의 지향점은 "반듯한 네모"로 사는 것이다. 아귀가 잘 맞고 사개가 꼭 들어맞는 삶이다.
 이런 삶은 이론과 논리가 정연하고 이론과 현실이 부합하는 삶이다. "잘 맞추어진 문장을 건너 건너 읽다가/글자들을 뭉개"라는 구절에서 이론에 부합하는 삶을 살기가 어려워 차라리 그 이론을 "뭉개"버리는 서정적 자아는 다시 마음을 추스르고 "뭉개진 글자를 매만지"는 것이다.
 서정적 자아의 이런 행위는 유 시인의 다른 작품에서도

만날 수 있다.

> 빛을 삼킨 신호등 앞에 섰다
> 일러주던 지침의 색은 사라지고
> 네 귀퉁이 안에 동그라미 형체를 잃고
> 흐물거리는 바닥 열기는 텁텁한데
> 방금까지 오가던 법규는
> 길 건너로 유유히 달아난다
> 궁핍한 호주머니 밤바람만 가득하다
> – 「방황」 전문

  현실과 이론 사이에서 "방황"하는 서정적 자아는 "빛을 삼킨 신호등 앞에"서 지금까지 절대적이라 여겼던 이론이나 질서를 잃어버리고 만다. "방금까지 오가던 법규"는 이미 사라졌다. 신호등의 색을 구분할 필요 없이 아무 때고 건너면 되는 때가 온 것이다. 더는 법규대로 세상이 진행되지 않을 때 서정적 자아는 "방황"하는 것이다. 사각으로 대변되는 "네 귀퉁이"는 효용가치를 잃어버리고 시적 자아는 혼란스럽게 되는 것이다.

2. 비와 비빔과 죽비와 씻김 그리고 공진화

  유영숙 시인의 이번 작품집 제목은 『비가 오면 나를 씻는다』이다. 제목처럼 이번 작품집 원고에는 비에 관한 작품이 많고 비에 대한 철학적 사유를 잘 드러낸 작품이 많다. '비'는 유 시인이 지난날의 후회나 잘못 등을 씻어내고, 다시 새로운 일상을 꾸리는 도구가 된다. 일종의 수행 도구다.

> 마음속 깊이 자리한 사람
> 되돌아 멀리 간 사람을 생각하면
> 스스로 죄인이 된다
>
> 박제된 시간을 깨우는 낡은 괘종시계 울리면
> 옛날 집 벽장문이 열린다
> 아주 맑은 아침이거나 따뜻하거나
> 조금 뜨거운 한낮의
> 온기 가득한 그곳에 들어서면
> 바람 부는 날
> 은사시나무 등허리 깊은 곳을 보이듯
> 쉬이 가슴의 응어리를 꺼내고 만다
> 철썩이는 파도 토닥여
> 바다로 내보내는 갯바위
> 벽장 속 하늘은 마냥 말이 없다
>
> 시큰거리는 통증에 가슴이 울컥
> 한바탕 소나기가 내린다
> 온몸 가득 적신 빗물에 죄를 씻고 나서야
> 벽장문을 닫는다
> ―「그리움」 전문

위의 작품에서 알 수 있듯이 시적 자아의 죄는 현실적인 법의 질서를 벗어난 것이 아니다. "되돌아 멀리 간 사람을 생각하면/스스로 죄인이"되는 것이다. 일종의 죄의식 내지는 죄책감이다. 시적 자아에게 "옛날 집 벽장"은 고해소이면서 감정을 맘껏 풀어놓는 해방공간이다. "옛날 집 벽장" 속에서 "되돌아 멀리 간 사람"에게 송구하고 미안한 마음을 이야기하고 후회와 자책으로 실컷 운다. 그러면 "한바탕 소나기가 내"리고 "온몸 가득 적신 빗물에 죄를 씻고 나서야" 비로소 "벽장문을 닫는다". 비에 죄를 씻는 행위는 성글어진 자신을 다시 태어나게 하는 하나의 의식으로 유 시인의 이번 시집을 읽는 동안 여러 작품에서 나타난다.

    책장 한 장 넘어가는 사이
    빗줄기 거세지고
    빗줄기 거세지는 창밖에는
    어둠 짙어가고
    어둠이 짙어가는 길목에서는
    비워내야 하는
    내 속 사정이 씻기고 있다
                            - 「장마」 전문

글을 쓰는 일은 나 자신과 나를 둘러싸고 있는 세계를 읽어내고 해석하는 데서 출발한다. 위의 작품에는 책을 읽는 짧은 시간에 "어둠이 짙어가고" 비가 내리는 실제가 담겨있다.

여기서 어둠은 앞의 작품「그리움」에서 "벽장"으로 대치한 공간이다. 다시 말하면 "벽장"과 짙은 "어둠"은 시적 자아가 자신을 풀어놓고 자책감이나 회한을 고백하는 고해소가 된다. 또한 이런 시간이 지나고 난 뒤에는 시적 자아에게 해방감을 가져다주는 공간이다.「그리움」에서 "소나기"에 해당하는 거센 "빗줄기" 역시 시적 자아가 죄의식 씻어내는 도구이자 자신을 정화하는 기제가 되는 것이다.

유영숙 시인의 시가 가독성이 좋고 공감대 형성이 잘 된다면 이는 유 시인이 생활 속에서 건져낸 시의 소재를 진술의 형식으로 써 내려갔기 때문일 것이다. 유 시인이 작품에 자주 거론하는 '비'는 다음 작품들에서는 '비빔밥'으로 변주된다.

　　　　신랑이랑 첫 데이트 후에도
　　　　늦은 저녁 열무김치로 밥을 비볐고
　　　　둘째 아이 임신해서도
　　　　시댁 어른들 눈치까지 비벼
　　　　열 달을 비빔밥으로 태교를 해서인지
　　　　양푼처럼 넉넉하고
　　　　맘 씀씀이 또한 동그랗게 어우러진
　　　　아들이 든든하다

　　　　오늘도 내려놓지 못한 습성에
　　　　옥상 한편
　　　　오그라지고 뻣뻣한 상추 오이 따다가

여름 한낮 뙤약볕을 비비고 있다
  － 「비빔밥」 부분

 시적 자아는 기쁠 때나 그렇지 못한 때에 자주 '비빔밥'을 만들어 먹는다. 시적 자아의 헛헛한 허기를 채우기 위해서 비비는 '비빔밥'은 섞는다는 뜻이며 포만감을 얻기 위해서 비빔밥을 만든다. 그런데 "시댁 어른들 눈치"를 비비는 날의 비빔밥은 여기서는 '비비다'가 '빌다'와 같은 의미의 맥락으로 읽힌다. 특히, "오늘도 내려놓지 못한 습성에"라는 구절에 이르면 시적 화자의 비비는 행위는 '섞다'와 '빌다'가 함께 들어있는 언술이라고 이해할 수 있다.
 '비'를 '비빔밥'으로 변주한 작품 외에 '비'를 '죽비'로 변주한 작품도 있다.

오늘은 비를 데려왔다
절 마당 모래알 사이사이로
비 스며드는 소리 깊고
스르르 내려앉는 눈꺼풀 무겁다
쫘악~
스님의 죽비 소리
고요가 물러나고 다시
생각이 생각을 밀고 당긴다
  － 「법당에서」 부분

 시적 화자는 법당에서 참선하다 수마에 잡힌다. 이 작품에서도 '비'가 배경으로 사용된다. 시적 화자에게 졸음을 데리고 온 것이다. 그러나 곧이어 "스님의 죽비 소리"에 정신을 화들짝 차리게 된다. 앞의 작품들에서 동원한 '비'의 역할을 이 작품에서는 '죽비'가 하고 있다. '비'와 '죽비' 둘 다 시적 자아가 다시 제자리 내지는 새로운 자리로 들어서게 하는 매개가 되는 것이다.

유영숙 시인의 '비'에 대한 변주는 이 작품집을 읽는 동안 얼마든지 더 찾아볼 수 있다. 나머지는 독자 제현께 맡기고 유 시인이 '비'를 통해 궁극적으로 가 닿고자 하는 세계를 시적 자아의 고백을 통해 들어보자.

> 버릇이 생겼어요
> 마른 잎을 보면 가만히 들춰 보아요
> 천변을 걷다가
> 횡단보도 앞에 멈추어 서서
> 땅바닥을 가만히 내려다봅니다
> 당신은 어디쯤 오고 있는지
>
> 나의 기다림 따위는 상관없이
> 제시간에 맞추어 오겠지요
> 변함없는 예전의 모습으로
> 하지만 내게 있어 당신은
> 같은 모습인 적이 없습니다
> 굵은 장대로 바람을 동반하여 놀란 적 있고요
> 당신은 오기 전 미리 기별을 주긴 하지요

살아 있을까 싶은 것들 안주머니에서
잠든 생명을 깨워 밖으로 내보내지요
당신이 오기까지 더 기다려야 한다는 것을 알지요
혼자 기다리기엔 억울하단 생각이 들어
안으로 들여 놓았던 화분 몇 개를 내놓습니다
  ―「비를 기다리며」 전문

위 작품의 시적 자아는 비를 간절히 기다린다. 시적 자아의 "기다림 따위는 상관없이" 비는 "제시간에 맞추어 오겠지요" '비'가 내릴 것이라는 "기별"이 오면 "살아 있을까 싶은 것들 안주머니에서/잠든 생명을 깨워 밖으로 내보"낸다. "안으로 들여 놓았던 화분 몇 개를 내놓"기도 한다. 일종의 의례처럼 비를 기다리는 시적 자아의 단순한 행위이기도 하고 기원적 의식이기도 하다.

이 작품에서는 유영숙 시인이 '비'를 기다리는 이유를 엿볼 수 있다. "마른 잎" 갈라진 "땅바닥" 그리고 "잠든 생명" "화분". 이런 것들과 함께 '비'가 내린 후에 "서로 다른 빛으로 섞이는/초록이 화려"(「법당에서」)한 세상을 보는 것이다.

"서로 다른 빛으로 섞"인다는 것은 한 그릇에 함께 비빈다는 '비빔밥'과 상통한다. "초록이 화려"하다는 것은 온 세상 만물이 모두 소생하고 활기차게 생명력을 영위하는 세상이다. 이처럼 유영숙 시인의 작품 속의 '비'는 유 시인의 작품세계를 표방하는 아주 중요한 시적 기제이면서 유 시인이 문학과 삶을 통해 궁극으로 도달하고자 하는 지향점이다.

'비빔'은 하나의 재료가 아니듯 사람들도 하나의 색이 아니다. '비빔'이 서로 다른 것이 섞여 하나의 맛을 내듯 사람도 서로 다른 사람들이 모여 하나의 공동체를 이루며 하나의 가치를 공유하는 것이다. 사물과 사람 사이 서로를 격려하고 배려하며 공진화해가는 세상이 유 시인의 작품 속 지향점이라고 할 수 있다.

그러므로 유 시인의 작품에 등장하는 '비'는 '눈물'과 '씻김'과 '소생'이며, '성장'과 '비빔'과 '공생' 내지는 '공진화'까지를 함의하고 있다. 특히, '공진화'의 함의는 계절을 읽는 행위와 연결되어 있다.

3. 계절 속의 자리이타

몸 안의 혈관 모두 꺼내어
베란다 창가에 서고 싶은 날
볕 기운 돋은 화분 모두 깨어서
갑갑한 뿌리를 숨 쉬게 하고 싶은 날
봉인된 오월의 입술이 열리고
버드나무 새잎 숨소리 짙어지는 날
내가 나를 볼 수 없는
내가 보이지 않는 날
병이 깊어지는 걸까
병이 나아지는 걸까
쑥부쟁이 지천으로 널린 한 낮

> 세상 모든 줄기
> 수맥이 퉁퉁 튀는 날
> 안과 밖이 대등한 날
>
> — 「햇빛 좋은 날」 전문

　공진화라는 말은 '함께 나아간다' 혹은 '함께 발전한다'는 말로 관련이 있는 둘 이상의 종이 서로에게 영향을 주면서 진화하는 것을 나타내는 말이다. 이런 관계는 서로가 서로에게 이로운 관계다. 나도 이롭고 남 혹은 자연도 이로운 자리이타自利利他를 말한다.

　「햇빛 좋은 날」은 작가의 이런 성정이 잘 나타나 있는 작품이다. "햇빛 좋은 날"에 자리이타의 '나'에 해당하는 내 "몸 안의 혈관"과 '타'에 해당하는 "화분"을 비롯한 자연과의 교감과 북돋움을 시도한다. 이 과정은 자연과 내가 하나가 되는 과정이면서 또 나를 돌아보는 과정이 함께 수반된다. 이런 과정의 궁극은 "안과 밖이 대등한" 경지다. 안과 밖이 대등하다는 구절의 뜻은 마음과 말, 마음과 행동, 자연과 내가 서로에게 어긋나지 않는 수평의 경지를 말한다. 어긋나지 않고 하나의 공진화 내지는 자리이타 경지에 놓이는 것이다. 시인의 이런 성정은 다음에 인용하는 「솟아오르는 봄」에도 잘 표현되어 있다.

> 촉수를 다듬은 구름
> 몽긋몽긋 부풀어 오르면
> 덩달아 속치마 날리는 봄

보리밭 숨은 이랑 사이로
자잘한 냉이꽃 터지는 소리에
요양병원 창문이 열리면
낡은 환자복 사이로 얼굴 내미는 손목
고사리 홀씨
죽은 자의 무덤가에서 일어서는 봄

날리는, 내미는,
솟아오르는 봄
-「솟아오르는 봄」 전문

  이 작품은 제목에 사용한 '솟아오른다'라는 시어 자체가 이미 활기 내지는 생기를 가득 머금고 있다. 활달한 기운 혹은 생명의 기운을 말한다. 더는 뻗어보려는 욕심이나 영토를 확장하려는 야욕이 없는 상태의 구름은 "촉수를 다듬은 구름"이다. 구름은 아무 욕심이 없다. 더 나아가 아무 근심도 없다. 구름이 "부풀어 오르면" 시적 자아의 "속치마"도 부풀어 오른다. 시적 자아의 "속치마"가 부풀어 오르면 "보리밭" "이랑"의 "냉이꽃 터"진다. "냉이꽃 터지"면 "요양병원 창문이 열"린다. "요양병원 창문이 열리면" "낡은 환자복 사이로" "손목"이 드러난다. 그때 "무덤가에서" "고사리"는 새순으로 "일어"선다. 이렇게 봄이 오면 사람과 자연은 모두 "솟아오르는" 것이다.
  봄이 오면 하늘에 뭉게구름이 두둥실 뜨고 서정적 자아도 봄바람을 탄다. 어디 서정적 자아뿐이랴, 보리밭에 냉이

꽃도 피기 시작하고, 겨울 추위에 꼭꼭 닫아걸었던 요양병원의 창문도 슬그머니 열린다. 이때 "낡은 환자복"에서 짐작할 수 있듯이, 오랫동안 요양병원에 입원해 있던 환자의 가냘픈 손목에도 힘이 돌기 시작하는 것이다. 살아있던 것은 물론이거니와 죽은 사람의 영토인 무덤가에서도 고사리 새순이 돋아나기 시작하는 것이다. 봄이 생과 죽음을 동시에 불러일으키는 역할을 하는 것이다. 서정적 자아의 시선을 따라 읽는 독자에게도 팔팔 뛰는 봄이 코앞에 배달되는 듯하다.

　시인은 이 작품의 주된 서정을 "날리는, 내미는"으로 압축하고 있다. "날리는, 내미는"이라는 단어는 밖으로 드러나거나 표현하거나 상승하는 양의 기운을 내포하고 있다. 그래서 비교적 짧은 이 작품에서 "날리는, 내미는"과 등가의 시어들이 "부풀어", "날리면" "터지는" "열리면" "내미는" "일어서는"과 같이 변용되고 있다. 한 작품 안에서 이렇게 시어를 변용하는 효과는 차별이나 구별을 두지 않고 함께 나아가서 세상 모든 생물과 무생물에 대등함으로 작용하는 기제로 사용된다. 이 작품 역시도 나와 자연의 공진화를 잘 나타내고 있으며 자리이타의 서정도 충실하게 반영되어 있다. 이런 시인의 마음은 다음에 인용하는 작품에도 아주 잘 나타나 있다.

　　　봄을 일찍 불러
　　　일복이 많아 지친다는 그녀의 손등 꺼내 주고 싶다
　　　산수유 생강꽃 피고 냉이꽃 지천인

> 새봄이 그녀의 명약이 아닐까
> ─「봄이 빨리 와야 하는 이유」부분

「봄이 빨리 와야 하는 이유」는 세상의 모든 생물과 무생물에 생기 내지는 활기를 불어넣는 봄을 기다리는 이유를 표현한 작품이다. 시적 자아는 "찬바람 불면 사지에 바늘이 찔린다는 친구" '입맛조차 없는' 그 친구를 위해서 따뜻한 바람이 부는 봄을 기다린다. 할 수만 있다면, "봄을 일찍 불러" "일복" 많은 "그녀의 손등"을 고쳐주고 싶은 것이다.

일복이 많으면 일도 많고, 일이 많으면 몸이 고단할 것이다. 그런 친구를 위해 봄이 오면 산수유 생강꽃 냉이꽃을 구경하러 다니고 "얼굴만 한 삽을 들고" 캐서 입맛도 돋우고 약에 쓰기도 할 것이다. 그러나 무엇보다도 만물이 다시 소생하는 "새봄"이라는 계절 자체가 "그녀의 명약"일 것이다. 이 작품을 읽는 독자에게 시적 자아의 넓고 따뜻한 품과 인간애가 느껴지는 작품이다.

> 내 안의 겨울, 담벼락 실금 사이
> 푸른 듯 붉은, 꽃그늘 비집어드는 봄
> 봄은 오고 있다
> ─「봄은 오고 있다」부분

시인이 '봄은 오고 있다'라는 선언적 언술로 제목을 뽑은 이유가 분명하다. 앞서 인용한 작품 「봄이 빨리 와야 하는 이유」라는 작품 속의 시적 자아가 봄을 기다리는 이유는 친구를 위한 봄, 즉 이타적利他的이다. 그러나 이번 작품 「봄은 오고 있다」라는 작품 속의 시적 자아는 자신을 위한 봄, 즉 자리적自利的이다. 봄은 "내 안의 겨울"에 "실금"을 낼 것이다. 시적 자아의 마음 안에 들어있는 차갑고 수동적이고 어두운 시간을 작가는 "겨울"이라고 언술하고 있다. 이 마음에 어느 순간 "푸른 듯 붉은, 꽃그늘"이 들어오고 있다. 시적 자아의 마음속 겨울에 "꽃그늘 비집어드는 봄"이 오고 담벼락 같이 불통이거나 무감정이었던 곳에 "실금"이 가기 시작하는 것이다.

이런 징후를 가장 빨리 알아채는 사람은 시적 자아다. 자기 안의 변화이기 때문이다. 「봄은 오고 있다」라는 선언적이고 확정적인 언술은 마음의 변화를 확신한 시적 자아의 선언이다. 이 작품에서 '봄이'라고 하지 않고 '봄은'이라고 언술했다. 우리가 흔히 혼용해서 사용하는 '이'와 '은'은 미세한 차이가 있다. '이'는 주격조사고 '은'은 보조사라고 한다. '봄이 오고 있다'라는 문장에서는 주어인 '봄'에 문장의 축이 기울어져 있고 '봄은 오고 있다'라는 문장에서는 술어인 '오고 있다'에 문장의 힘이 실리는 것이다. 시인은 의도하지 않았는지도 모르지만, 「봄은 오고 있다」라는 제목은 '봄'이라는 시어보다는 '오고 있다'라는 시어에 선언의 무게가 더 실리고 있다. 아무리 겨울이 추워도, 아무리 어둠이 짙어도, 아무리 담벼락이 완강해도, 오는 봄은 오고야 만다는 시인의 생각도 엿볼 수 있는 작품이다.

4. 다시 연필심을 깎는 겨울 강가

대개, 시인의 기억이나 추억은 인간적인 근원이나 정신적인 원형을 지향하고 있다. 일부러 짜 맞추거나 억지로 지어낸 시가 아니라, 생활하면서 조용히 묻혀있던 것들, 살면서 무심히 스쳤던 것들이 어느 순간 자연스럽게 표출된다. 부모나 형제 그리고 고향에 대한 기록들이 일반적으로 그렇다.

유영숙 시인의 경우는 좀 특이하다. 유 시인의 이번 시집 『비가 오면 나를 씻는다』에서는 부모나 형제, 고향에 기댄 시가 많지 않다. 물론 이 시집에는 "삭은 지게와 아버지 곁에/나란히 앉는다"라는 간결하면서도 은근하고 은근하면서도 곡진한 서정이 깃든 「아버지의 가을」과 같은 좋은 시가 제법 들어있다. 그러나 이런 서정을 지닌 시편들이 다른 작가들의 작품집에서 볼 수 있는 정도의 분량은 아니다.

유영숙 시인이 시집에는 '봄'이나 '비' 등의 자연물이나 계절에 관련된 작품들이 많다. 마찬가지로 「가을에는」, 「우려낸 찻잎을 버리며」, 「가을이 가네」, 「가는 손님」, 「국화 피는 질마재」 등 가을이라는 계절을 소재로 하는 작품도 많다.

가을은 추수의 계절이며 조락의 계절이다. 추수는 거두어들인다는 말이며 조락은 이제까지의 것을 버린다는 말이다. '가을'이라는 말의 어원은 '끊어내다'에서 나온 말이니 결국은 거두어들이는 것과 버리는 것이 한가지라는 말이다. 또한 '가을'이라는 단어는 '여물다', '저물다'라는 뜻을 함의하고 있다. 이는 '가을'이라는 시어가 배태하고 있는 뜻이 유 시인이 자주 작품의 소재로 사용한 '비'의 함의와 일맥상통한다는 것이다.

　계절에 유난히 애정을 들이는 유영숙 시인은 '겨울'이라는 계절에 대해서도 깊은 사유를 동반한 작품을 여러 편 썼다. '겨울'과 연관된 작품을 여기에 몇 편 소개한다.

> 물속에 산이 있다
> 살갗 떨군 수척한 산 엎드려 있다
> 물속에 하늘이 있다
> 후 불면 쪼그라들 것 같은 하늘
> 발아래 마주한다
> 물에 잠시 기대던 바람은
> 울렁이는 그림자를 새기며 달아나고
> 물길 따라 보름달이 내려오면
> 달빛으로 물든 겨울 물속에 잠든다
> 상하의 그늘과 좌우 저울질로 엮어진 허물
> 손끝이 찢기고 겨울 적막이 깨어진다
> 깨어진 조각들 하늘로 뛰어드는데
> 뛰어들지 못한 미숙한 파편들
> 실핏줄을 파고들며
> 내 심장 안에서 잠을 청한다
> 겨울 강가 고요 속에서
> 헐거워진 코트 깃 바로 세우고
> 흐트러진 마음을 하나로 묶는다
> 　　　　　　－「겨울 강가에서」 전문

「겨울 강가에서」라는 작품이다. 이 작품에서 눈길이 머무는 곳은 "상하의 그늘과 좌우 저울질로 엮어진 허물"이라는 구절이다. 이 구절에서는 작가가 좋아한다는 "체크무늬"를 쉽게 읽을 수 있다. "상하"와 "좌우"로 "엮"은 공간이 "체크무늬"를 연상하게 하는 것이다. 이 공간은 유 시인의 사유의 원천적인 출발의 공간이다. 또한 "그늘과" "허물"로 직조된 수평의 공간이다. 여기서 "그늘"과 "허물"은 서로 다른 단어를 사용했지만, 같은 뜻으로 변용된다.

위 작품은 "상하의 그늘과 좌우 저울질로 엮어진 허물"이라는 행을 축으로 하여 작품의 앞부분은 정적이다. 그래서 앞부분의 마지막 시어는 "달빛", "겨울" "물" "잠든다"라는 잠재적이고 정적이고 음성적인 어휘들로 쓰여있다. 그러나 "상하의 그늘과 좌우 저울질로 엮어진 허물"이라는 행 이후의 작품 뒷부분은 '찢다' '깨어지다' '뛰어들다' '핏줄' 등의 활동적이고 양성적인 어휘들로 쓰인다.

"실핏줄을 파고들며/내 심장 안에서 잠을 청한다"라는 구절부터는 겨울이라는 계절에 일어나는 여러 감정과 변화가, 시적 자아인 "내"게로 수납되고 수렴되는 과정이다. 시적 자아는 겨울을 "심장 안에" 수렴하고 난 후 "바로 세우고" "하나로 묶는" 행위를 한다. 이 행위는 시적 자아의 결의를 내포하고 있으며, 시적 자아가 자신을 다시 다듬고 밖으로 향하거나 갈구하던 마음을 자신에게로 돌리는 일종의 종교적인 의식으로까지 읽힌다.

서랍 안

봄풀 건드리는 농염한 햇살로 지은 옷 한 벌
찬장 유리병 속
땀에 젖은 목덜미 식혀주던 바람 한 줌
석류나무 새순 붉게 물들이던
봄볕은 어디에 두었더라
마음의 곁가지를 잘라
찬바람 가는 길 우편으로 보내려 하는데
지워진 주소록
살다 간 흔적 하얀 눈이 지우고 있다
―「겨울, 그 중간에서」 전문

  이 작품의 시간적 배경은 겨울의 중간쯤이다. 시적 자아의 구도적인 겨울나기는 아직 완성되지 못하고 "곁가지"가 자꾸 자란다. 한참 겨울 속을 통과하고 있는 시간에 시적 자아가 하는 일은 "봄볕"을 찾는 일이다. "마음의 곁가지를 잘라" "보내려 하는데"라는 구절에서 알 수 있듯이 여기서 "봄볕"을 찾는 일 역시 일종의 구도적인 행위다. 삶의 길을 찾거나 삶의 지표 내지는 좌표를 돌아보고 점검해보는 행위다. 다음의 작품에서는 시적 자아의 이런 행위가 좀 더 구체화 되어 나타난다.

연필심 꾹꾹 눌러
편평히 고른 지면 위에
너를 심는다
당연한 듯 비스듬히 쓰러지는 너

마음의 문을 열어
토닥이고 상처도 내보지만
너는 항상 비스듬하다
쓰러진 심지
지면의 숨소리 이해할 때까지
얼마나 더 기다려야 하나
오늘도 맨바닥의 단어들 쓸어 모으며
다시 연필심을 깎는다

— 「시」 전문

'겨울'을 건너 '봄'에 도달했다는 암시가 여기저기에 보이는 작품이다. "심는다"라는 행위는 시적 자아의 '사유'가 '행동'으로 전환되는 과정을 보여준다. "토닥이고 상처도 내"는 행위는 시를 쓰기 위한 시적 자아의 노력이다. 그래도 마음에 딱! 드는 시가 나올 리 없다. (이는 거의 모든 시인이 그럴 것이다) 아무리 노력하고 매만져도 시적 자아가 완성한 시는 언제나 "비스듬히 쓰러"져 있을 뿐이다. 시를 쓰는 과정도 구도적 과정이다. 왜냐면 문학이란 우리 생활과 연관된 것들은 물론 무관하게 여겼던 것들까지도 사랑하게 만드는 작업이기 때문이다.

시적 자아는 "오늘도 맨바닥의 단어들 쓸어 모으며/다시 연필심을 깎는" 행위를 날마다 반복할 것이다. 시적 자아가 시인을 충실히 반영하고 있는 작품이기에 유영숙 시인도 이런 작업을 날마다 반복할 것이다. 반복은 완성을 향해 가는 첫걸음이자 완성에 도달하는 전부다. "다시 연필심을 깎"는 행위는 내 마음을 깎는 행위고 나를 돌아보고 다시 발견하는 행위다. 이는 분주한 일상으로 나타나는 나(아^{我})를 "깎"아내고 보다 근원적이고 진실한 나(오^{吾})를 찾아가는 과정이다. 앞에 인용한 작품에서 시적 자아가 찾는 "봄볕"은 유영숙 시인이 찾아가는 '진리'이며 참된 '나'라고 말할 수 있겠다.

  유영숙 시인의 시집은 사물을 관통하는 사유를 씨실로 하고 자연의 섭리를 통찰하는 혜안을 날실로 하여 잘 직조해 낸 수평의 집이다. 사물과 사물이 서로 스며드는 유 시인의 시적 작업은 자신만의 독특한 하나의 세계를 건설한다. 특히 계절을 문학적 자양분으로 삼아 계절과 시인의 사유가 이물감 없게 잘 교직하여 구도적인 무늬를 짜고 있다. 이번 작품집으로 미루어 볼 때, 유영숙 시인은 "봄볕"을 너무 늦지 않게 찾아낼 기량이 충분하다.

이 도서의 국립중앙도서관 출판예정도서목록(CIP)은 서지정보유통지원시스템 홈페이지(http://seoji.nl.go.kr)와 국가자료공동목록시스템(http://www.nl.go.kr/kolisnet)에서 이용하실 수 있습니다. (CIP 제어번호 : CIP2015027052)

본 도서는 **전라북도문화관광재단 2024지역문화예술육성지원사업**의 지원을 받아 발간되었습니다.

한국대표시인선 · 121

비가 오면 나를 씻는다

초판 1쇄 인쇄 2024년 8월 12일
초판 1쇄 발행 2024년 8월 20일

지 은 이 · 유영숙
펴 낸 이 · 장병환
펴 낸 곳 · 도서출판 시와산문사
주　　소 · 03173 서울시 종로구 새문안로 5가길 11(내수동)
　　　　　옥빌딩 503호
전　　화 · 02.738.5595
e-mail · sisanmun2@daum.net
등록번호 · 제1987-000010호

값 12,000원

ISBN 979-11-93032-07-7 03810
* 한국간행물윤리위원회의 윤리강령 및 실천요강을 준수합니다.
* 잘못된 책은 교환해드립니다.